AF463261

SOCIÉTÉ D'ENCOURAGEMENT
POUR L'INDUSTRIE NATIONALE
Fondée en 1801
RECONNUE D'UTILITÉ PUBLIQUE PAR ORDONNANCE DU 21 AVRIL 1824
44, Rue de Rennes, Paris (6e)

L'ALLEMAGNE ÉCONOMIQUE

L'INDUSTRIE ALLEMANDE
CONSIDÉRÉE COMME FACTEUR DE GUERRE

PAR

M. HENRI HAUSER
Correspondant de l'Institut, Professeur à l'Université de Dijon

EXTRAIT DU BULLETIN DE MAI-JUIN 1915

PARIS
TYPOGRAPHIE PHILIPPE RENOUARD
19, RUE DES SAINTS-PÈRES, 19

1915

CONSEIL D'ADMINISTRATION

DE LA SOCIÉTÉ D'ENCOURAGEMENT POUR L'INDUSTRIE NATIONALE

Bureau.

Président.

1896. **LINDET** (O. ✻), professeur à l'Institut national agronomique.

Vice-Présidents.

1900. **BACLÉ** (O. ✻), Ingénieur civil des Mines.
1907. **BERTHELOT** (Daniel), professeur à l'Université de Paris.
1899. **LARIVIÈRE** (Pierre) (✻), Ingénieur civil des Mines.
1891. **SAUVAGE** (O. ✻), Inspecteur général des Mines, professeur à l'École supérieure des Mines et au Conservatoire national des Arts et Métiers.

Secrétaires.

1901. **HITIER** (Henri), Ingénieur-agronome, maître de conférences à l'Institut national agronomique.
1900. **TOULON** (Paul) (✻), Ingénieur en chef des Ponts et Chaussées, Ingénieur en chef honoraire des Chemins de fer de l'État.

Trésorier.

1906. **ALBY** (✻), ancien Ingénieur en chef des Ponts et Chaussées.

Censeurs.

1884. **BORDET** (✻), ancien Inspecteur des Finances, administrateur de la Compagnie de Châtillon, Commentry et Neuves-Maisons.
N...

Comité des Arts mécaniques.

869. **HATON DE LA GOUPILLIÈRE** (G. O. ✻), membre de l'Institut, *Président.*
891. **SAUVAGE** (O. ✻), Inspecteur général des Mines, professeur à l' cole des Mines et au Conservatoire des Arts et Métiers.
1893. **FLAMANT** (O. ✻), Inspecteur général des Ponts et Chaussées en retraite.
1894. **LINDER** (C. ✻), Inspecteur général des Mines.
1897. **BARBET** (✻), ingénieur.
1897. **DILIGEON** (✻), Ingénieur des Arts et Manufactures, conseiller du Commerce extérieur.
1898. **MASSON** (O. ✻), ingénieur civil, directeur en congé hors cadre au Conservatoire des Arts et Métiers.
1900. **WALCKENAER** (O. ✻), Inspecteur général des Mines.
1901. **RATEAU** (✻), ancien ingénieur au corps des Mines, ancien professeur à l'École supérieure des Mines.
1905. **BERTIN** (C. ✻), membre de l'Institut.
1906. **LECORNU** (O. ✻), Inspecteur général des Mines, membre de l'Institut, professeur à l'École polytechnique.
1911. **LEBLANC** (Maurice) (✻), ingénieur.
1912. **BROCQ**, ingénieur, directeur à la Compagnie des Compteurs.
1913. **TERRÉ** (Maurice) (O. ✻), Ingénieur en chef de la Marine en retraite.
1913. **DANTZER** (James), ingénieur, professeur au Conservatoire national des Arts et Métiers.
1914. **SALOMON** (Louis) (O. ✻), ancien président de la Société des Ingénieurs civils de France, Ingénieur en chef honoraire du Matériel et de la Traction des Chemins de fer de l'Est.

Comité des Arts chimiques.

1885. **LE CHATELIER** (Henry) (O. ✻), membre de l'Institut, Inspecteur général des Mines, professeur à la Sorbonne, *Président.*
1877. **BÉRARD** (P.) (O. ✻), membre du Comité consultatif des Arts et Manufactures.
1883. **CARNOT** (Adolphe) (C. ✻), membre de l'Institut, Inspecteur général des Mines en retraite.
1885. **APPERT** (Léon) (O. ✻), ingénieur-manufacturier.
1889. **VIEILLE** (O. ✻), membre de l'Institut.
1898. **LIVACHE** (A.), Ingénieur civil des Mines.
1900. **BACLÉ** (O. ✻), Ingénieur civil des Mines.
1903. **HALLER** (C. ✻), membre de l'Institut, professeur à la Sorbonne.
1905. **PRUD'HOMME** (✻), chimiste, ancien élève de l'École polytechnique.
1907. **GUILLET** (✻), professeur à l'École centrale des Arts et Manufactures et au Conservatoire national des Arts et Métiers.
1908. **BERTRAND** (Gabriel) (✻), professeur à la Faculté des Sciences et à l'Institut Pasteur.
1909. **TRILLAT** (A). (O. ✻), Chef de Laboratoire à l'Institut Pasteur.
1912. **DELLOYE** (Lucien) (✻), directeur général des glaceries de la Compagnie de Saint-Gobain.
1913. **LŒBNITZ** (J.) (✻), fabricant de faïences artistiques.
1914. **GALL** (Henry) (✻), président de la Société des Ingénieurs civils de France, administrateur délégué de la Société d'Electrochimie.
N...

Comité des Arts économiques.

1876. **SEBERT** (H.) (Général) (C. ✻), membre de l'Institut, président du Conseil d'administration de la Société anonyme des Forges et Chantiers de la Méditerranée.
1883. **BARDY** (O. ✻), directeur honoraire du Service scientifique des Contributions indirectes.
1887. **CARPENTIER** (C. ✻), ingénieur, membre de l'Institut.
1893. **VIOLLE** (O. ✻), membre de l'Institut, professeur au Conservatoire des Arts et Métiers.
1897. **LYON** (O. ✻), directeur de la fabrique de pianos Pleyel, Lyon et Cie.
1900. **TOULON** (Paul) (✻), ingénieur en chef des Ponts et Chaussées, Ingénieur en chef honoraire des Chemins de fer de l'État.
1902. **HARLÉ** (O. ✻), ancien Ingénieur des Ponts et Chaussées, de la maison Sautter-Harlé et Cie.
1902. **HILLAIRET** (✻), ingénieur-constructeur.
1903. **PEROT** (✻).
1907. **BERTHELOT** (Daniel), professeur à l'Université de Paris.
1908. **AMAGAT** (O. ✻), membre de l'Institut.
1908. **ARMENGAUD** jeune (✻), ancien élève de l'École polytechnique.
1909. **BORDAS** (Dr F.) (O. ✻), professeur suppléant au Collège de France.
1909. **RENARD** (Paul) (O. ✻), Lieutenant-colonel du Génie en retraite.
1910. **MARRE** (O. ✻), ingénieur-mécanicien.
1910. **FÉRY**, professeur à l'Ecole de Physique et de Chimie.

Comité d'Agriculture.

1866. **TISSERAND** (Eug.) (G. O. ✻), membre de l'Institut, conseiller maître honoraire à la Cour des Comptes, *Président.*
1881. **LAVALARD** (Ed.) (O. ✻), membre du Conseil supérieur de l'Agriculture, maître de conférences à l'Institut national agronomique.
1882. **MÜNTZ** (A.) (O. ✻), membre de l'Institut, professeur à l'Institut national agronomique.
1882. **PRILLIEUX** (E.) (O. ✻), membre de l'Institut.
1888. **LIÉBAUT** (O. ✻), président honoraire de la Chambre syndicale des Ingénieurs-constructeurs-mécaniciens.
1893. **DAUBRÉE** (L.) (C. ✻), ancien conseiller d'Etat, Directeur général honoraire des Eaux et Forêts.
1896. **LINDET** (O. ✻), professeur à l'Institut national agronomique.

SOCIÉTÉ D'ENCOURAGEMENT
POUR L'INDUSTRIE NATIONALE
Fondée en 1801
RECONNUE D'UTILITÉ PUBLIQUE PAR ORDONNANCE DU 21 AVRIL 1824
44, Rue de Rennes, Paris (6e)

L'ALLEMAGNE ÉCONOMIQUE

L'INDUSTRIE ALLEMANDE
CONSIDÉRÉE COMME FACTEUR DE GUERRE

PAR

M. HENRI HAUSER
Correspondant de l'Institut, Professeur à l'Université de Dijon

EXTRAIT DU BULLETIN DE MAI-JUIN 1915

PARIS
TYPOGRAPHIE PHILIPPE RENOUARD
19, RUE DES SAINTS-PÈRES, 19

1915

L'ALLEMAGNE ÉCONOMIQUE[1]

L'INDUSTRIE ALLEMANDE

CONSIDÉRÉE COMME FACTEUR DE GUERRE

L'un des arguments favoris du pacifisme dans ces dernières années, c'était que le développement de la civilisation industrielle rendait désormais toute guerre impossible et, pour ainsi dire, impensable. L'industrie et le commerce établissent entre les peuples modernes des liens si multiples et si ténus que l'intérêt, à défaut du sentiment, semble leur interdire de les briser.

Et cependant la guerre a éclaté. Et cependant la guerre a été déclarée par un peuple en qui nous nous plaisions à voir la création la plus remarquable de la civilisation industrielle. Et dans l'enthousiasme unanime avec lequel ce peuple, il faut le reconnaître, a salué la sanglante aurore, les voix les moins ardentes n'ont pas été celles des classes commerçantes et productrices. Financiers, directeurs d'usines, ouvriers même, tous ont figuré au premier rang des défenseurs de l'impérialisme.

Comment expliquer ce paradoxe ? — Et d'abord, débarrassons-nous d'une équivoque possible. Certains penseurs nous disent (2) : Il n'est pas vrai que les causes économiques aient joué un rôle prépondérant dans l'explosion de juillet dernier. L'Allemagne n'était pas menacée de surpopulation, l'Allemagne n'avait pas un besoin urgent de colonies. — Mais, en vérité, ce qui importe dans l'histoire de l'humanité, ce ne sont pas les choses elles-mêmes, c'est la représentation que les hommes s'en font. L'économie politique et l'histoire sont essentiellement, des sciences psychologiques. Il ne s'agit pas pour nous de savoir si l'Allemagne étouffait réellement : elle a cru qu'elle étouffait, elle a

(1) Conférence faite en séance publique le 10 avril 1915.
(2) Landry, *Les origines, les causes, les lendemains de la guerre actuelle* (*Scientia*, 1915, II).

obéi, pour prendre l'expression même d'un de nos contradicteurs, à la hantise d'un encerclement agressif qu'il lui fallait briser à tout prix. C'est ce « phénomène pathologique de psychologie collective » qu'il nous faut tenter d'expliquer.

I. — L'ÉVOLUTION DE L'INDUSTRIE ALLEMANDE

Ce qui frappe tout d'abord dans l'évolution de l'industrie allemande, c'est la réelle grandeur du phénomène. Il y a quelque chose d'impressionnant dans le spectacle de ce peuple qui comptait à peine il y a quarante ans dans la géographie économique et qui était arrivé, à la veille de la guerre, à être l'une des grandes forces du globe. Avec ses 22 à 25 milliards de commerce extérieur, il se classait au second rang des peuples marchands, après l'Angleterre. Il était devenu, battant l'Angleterre elle-même, le second des producteurs de fonte et de fer, le second aussi des producteurs d'acier. Sa marine marchande, inférieure à la nôtre en 1870, n'était plus dépassée en 1913 que par celles de l'Angleterre et des États-Unis.

Nous avons admiré tout cela. Allons-nous, parce que l'Allemagne s'est déshonorée par des crimes, renier nos admirations d'antan? Non, la vérité, pour nous Français, reste toujours la vérité. L'histoire enregistrera certainement le prodigieux effort de volonté par lequel l'Allemagne, victorieuse sur les champs de bataille, a conquis de haute lutte sa place dans le domaine économique. Je ne sais pas si vraiment Frédéric-Charles a dit, le soir de la reddition de Metz : « Nous venons de vaincre sur le terrain militaire; il s'agit maintenant de combattre et de vaincre sur le terrain industriel. » Mais peu m'importe que ces paroles soient apocryphes. Elles sont d'une vérité profonde, symbolique. Elles traduisent admirablement la pensée de tout un peuple.

Il ne nous en coûte donc pas de reconnaître que le peuple allemand a fait preuve, depuis la fondation de l'Empire, de qualités remarquables. La première ce fut une ardeur acharnée au travail, non pas cet emportement fébrile qui en quelques jours soulève des montagnes, mais le tenace, le patient labeur de tous les jours, régulier, méthodique. Ostwald n'a pas tort quand il attribue aux Allemands le sens et le génie de l'organisation. Ils ont porté à la perfection l'art d'utiliser les hommes, de mettre chacun à sa place, de tirer de tout individu le maximum de rendement. Si l'esprit des grandes découvertes semble avoir en ces derniers temps déserté leur sol, ils sont passés maîtres dans l'application à l'industrie des découvertes de la science. On l'a dit bien souvent : c'est l'union du laboratoire et de l'usine qui a fait la richesse allemande. Cette vérité était mise en lumière, dès 1897, par un membre de votre

Société, M. Raphaël-Georges Lévy. Dans un article de la *Revue des Deux Mondes* qui a été pour beaucoup de Français une révélation, il écrivait :

« Là où la science triomphe, c'est dans l'industrie. Il est difficile de trouver une démonstration plus saisissante de cette vérité que celle que donne l'industrie chimique en Allemagne. Elle est sortie des laboratoires de savants tels que Liebig, Hoffmann ; elle continue à prospérer grâce au concours incessant de centaines de chimistes venus tous les ans des universités... L'Allemagne est couverte de laboratoires dont plusieurs ont coûté un demi-million et dont l'entretien exige annuellement des millions de mark. »

Encore cette analyse était-elle incomplète sur un point. A côté de l'union entre l'usine et le laboratoire, il faut signaler aussi l'union entre le cabinet du directeur d'entreprise et la bibliothèque de l'économiste, du géographe, de l'historien. Car la méthode qu'ils appliquaient à la production d'une couleur d'aniline inédite, ils la portaient aussi dans la recherche des débouchés, dans l'organisation des courants commerciaux. Le chimiste allemand et le commis voyageur allemand marchaient d'un même pas à la conquête du globe.

Cet essor allemand fut un grand, nous dirons même, en un certain sens, un beau spectacle. Ce qu'il avait d'un peu inquiétant, c'était sa rapidité même (1).

L'allure de l'évolution allemande a été très brusque, presque catastrophique. Du complexus d'États agricoles, semés de taches industrielles, qui constituaient en 1870 le *Zollverein*, l'Empire industriel a surgi en quelques années, par une sorte de volte-face historique, sans rien de cette lente et séculaire préparation qui caractérise, par exemple, la puissance anglaise. L'Allemagne industrielle est une œuvre où le temps n'a pas collaboré. Chez elle, comme presque partout dans l'Allemagne moderne, nous retrouvons le parvenu.

Quelques dates et quelques chiffres mettront cette vérité en lumière. Karl Lamprecht (2) a noté que vers 1880 la naissante industrie allemande avait encore besoin de protection contre ses rivales plus anciennes, et ce mouvement protectionniste déclencha, par réaction, le mouvement français de 1892. Au moment de la lutte intérieure de 1894-1901 sur la question des canaux, on discute « si la majorité des occupations et des intérêts dans l'Empire est déjà industrielle et commerciale, ou encore agricole ». Mais les faits répondent : en 1893, la consommation du fer brut par tête d'habitant n'atteignait pas 99 kilogrammes par an ; en 1899, elle touche à 155. Celle de la houille passe

(1) Lévy-Bruhl, *Causes économiques et politiques de la conflagration européenne* (*Scientia*, 1915, I).

(2) *Zur jüngsten deutschen Vergangenheit*, 1904, t. II.

de 1 940 kg à 2 740. En même temps, la production du fer et de la fonte a passé de moins de 5 millions de tonnes à plus de 8, celle du charbon de 95 millions à 136. En ces six ans, le sort de l'Allemagne a été décidé par une augmentation de la production tellement intense qu'elle en paraissait « malsaine », et qu'elle devait conduire à la grande crise de 1901. Le pays pauvre est devenu, tout d'un coup, un pays très riche. En 1895, le revenu des fortunes de l'Empire était évalué à 21 milliards ; en 1913, les évaluations flottaient entre 40 et 50 milliards, et l'on évaluait la richesse allemande à 320 milliards, dont près de 9,5 déposés dans les banques, et 18 dans les caisses d'épargne (1). Tels sont les chiffres dont s'enorgueillissait, au 25e anniversaire de l'avènement de Guillaume II, le directeur de la Deutsche Bank, le Dr Helfferich, l'actuel ministre des Finances du roi de Prusse.

Cet accroissement subit de la richesse allemande a eu les conséquences les plus graves sur la constitution démographique du peuple allemand. Les deux plus notables sont la disparition progressive de la classe rurale et l'arrêt brusque de l'émigration. — On répète souvent que les Allemands étaient contraints à une politique d'expansion et de conquête par l'accroissement de leur population. C'est même l'excuse qu'ils mettaient en avant pour justifier leurs tentatives de créer des colonies de peuplement, au Maroc, en Asie Mineure. Une impitoyable loi de Malthus les aurait forcés à se faire leur place au soleil.

Or rien n'est plus faux que de se représenter l'Allemagne comme un pays surpeuplé. — Il est très vrai que depuis 1871 la population de l'Empire a passé de 40 à près de 70 millions d'hommes. Il est très vrai que, malgré un fléchissement du taux de la natalité, 800 000 nouveaux Allemands voyaient le jour chaque année. J'entends 800 000 de plus que la mort ne venait en enlever, 800 000 bouches de plus à nourrir. Mais ce croît était loin d'être excessif puisque chaque année aussi 700 000 ouvriers slaves venaient travailler dans les grands domaines de l'Est, sans parler de la main-d'œuvre italienne, croate, polonaise, etc., réclamée par les villes, les mines, les entreprises (2).

Quant à l'émigration allemande, elle n'est plus qu'un souvenir. Entre 1880 et 1883, elle dépassait le chiffre annuel de 200 000; aujourd'hui elle n'atteint pas 20 000, c'est à peu près le chiffre de la nôtre, c'est-à-dire d'un peuple qui passe pour émigrer fort peu. Le nombre des arrivées dépasse de beaucoup celui des départs. De pays d'émigration, l'Allemagne devient un pays d'immigration.

(1) Voy. Bonnefon, *Les causes économiques de la guerre* (*Revue de Paris*, 15 janvier 1915).

(2) Ashley, *The economical side of the European conflagration* (*Scientia*, 1915, I) : l'idée que l'Allemagne est « overfull », que le peuple allemand étouffe faute de place, est une idée chère aux théoriciens, « but have little basis in fact ». Baisse constante du taux de l'émigration depuis 1891. Elle n'est plus le sixième de ce qu'elle était alors.

Il y a bien une émigration allemande, mais c'est une émigration intérieure, des campagnes vers les villes, des régions agraires vers les districts industriels. La population qui vit aux champs n'est plus depuis 1895 la moitié de la population totale. Actuellement elle n'est plus les 44 p. 100.

Sur 67 millions d'Allemands, 17 à peine sont agriculteurs ou vivent de l'agriculture. Une masse énorme de paysans quitte chaque année la terre, se précipitant dans les colossales usines. C'est ainsi que le nombre des villes de plus de 100 000 âmes dépasse 45, c'est ainsi que se forment des armées ouvrières qui mettent sous la main d'un Mannesermann 15 000 ouvriers, plus de 30 000 sous celle d'un Thyssen, 73 000, presque 2 corps d'armée, sous celle d'un Krupp. Je parle, bien entendu, de toutes les usines d'une même firme.

L'Allemagne est définitivement passée du type de l'état agraire à celui de l'état industriel, de l'*Agrarstaat* à l'*Industriestaat*. Entre la terre et l'usine, il s'est produit une rupture d'équilibre (1).

II. — L'ÉTAT INDUSTRIEL ET SES BESOINS

Or l'État industriel a des besoins, des exigences très âpres que n'a pas l'État agricole. L'État agricole vit de soi, pour soi, et peut vivre sur soi (2). L'État industriel est par nature, suivant le mot de Lamprecht, un État « tentaculaire » (3).

Il a besoin, tout d'abord, de denrées alimentaires. On calcule qu'environ 20 millions d'Allemands sur 67 dépendent, pour leur nourriture, de la récolte étrangère et du bétail étranger. Situation dangereuse, puisqu'elle oblige l'Allemagne à s'assurer, en tous temps, non seulement le libre passage par ses fron-

(1) Lamprecht (*ouvr. cité*) se demandait : l'Allemagne est-elle déjà un *Industriestaat*, ou encore un *Agrar- und Industriestaat*, une forme intermédiaire ? Mais il montrait que la rapidité foudroyante du développement industriel créait déjà, il y a dix ans, une tendance générale « auf Industriestaat, auf Weltpolitik und Imperialismus ». Il est regrettable que ce volume de Lamprecht, le dernier de sa série historique, n'ait pas été lu davantage en France. Il nous aurait renseignés, sur les conceptions et les intentions de l'Allemagne, plus exactement qu'une douzaine d'interviews. Sous des formes plus agréables, et non dépourvues d'aménité, on y découvre la même philosophie, le même appétit de domination que chez Treitschke.

(2) G. Stresemann, *La politique mondiale de l'Allemagne* (*Revue économique internationale*, 1913, III, p. 85 et ss.) : « La Prusse de Frédéric-Guillaume III était un État qui se suffisait à lui-même au point de vue économique. »

(3) Lamprecht, *ouvr. cité*, t. II, p. 593 : « L'Empire, comme corps politique, ne cesse pas avec ses frontières. » Ailleurs : *Das Volk drängt hinaus über die Grenzen* ». On a dit, rappelle-t-il, que Paris est une ville tentaculaire, parce qu'elle étouffe et suce le pays entier (en réalité c'est en un autre sens, et d'une façon beaucoup plus générale, que Vandervelde a employé cette expression saisissante de *villes tentaculaires*). En un bien meilleur sens, « kann man das Reich als den germanischen *État tentaculaire* bezeichnen ».

tières de terre, mais surtout la liberté des routes de la mer. On sait ce qu'il en coûte à l'Allemagne, à l'heure actuelle, de ne plus recevoir le blé russe, le blé américain, le blé argentin.

Autant que de capitaux, l'État industriel a un besoin urgent de matières premières. Lorsqu'elle est entrée dans la lice, l'Allemagne passait pour être un pays riche en houille et en fer. Elle est restée riche en combustible ; mais, à force de soumettre ses mines de fer à une exploitation intensive, je ne dis pas qu'elle les a épuisées, mais elle ne peut plus leur demander le total du minerai nécessaire à ses usines métallurgiques. Krupp est de plus en plus dans la dépendance de la Suède, de l'Espagne, de l'Afrique du Nord, de la France. De même, les filatures et les tissages saxons et silésiens sont dans la dépendance du Texas ou de la Louisiane. Que la Suède, qui a nationalisé ses mines, apporte des entraves à la sortie de ses minerais, que le prix du coton subisse une hausse anormale sur le marché de la Nouvelle-Orléans, et c'est la famine pour les foules qui se pressent dans la région westphalienne ou au Nord du massif bohême.

Le coton brut représente le plus gros article de l'importation allemande, sensiblement plus d'un demi milliard de mark; l'industrie cotonnière emploie plus d'un million et demi d'ouvriers, et fabrique pour plus d'un milliard de mark. Or, un seul pays, les États-Unis, fournit environ les 2/3 du coton brut consommé dans le monde. Cette situation a été utilisée en 1904 par un syndicat, le *Sully cotton corner*, pour provoquer une énorme hausse et réserver le coton aux usines américaines. A la Bourse de Brème, en février, on paya le coton 85 pfennig la livre, tandis qu'en décembre, après la dissolution du *corner*, il retombait à 35. A l'opération, l'Allemagne perdit 117 millions de mark payés à l'étranger. Réduction de la consommation des tissus, renvois d'ouvriers, telles furent les conséquences de cette véritable famine du coton qui sévit d'ailleurs au même moment sur nos industries vosgiennes et normandes, sur celles du Lancashire (1).

L'État industriel a besoin de capitaux. L'Allemagne a beau s'être prodigieusement enrichie, l'industrie allemande est une terrible mangeuse de capitaux. Elle les absorbe au fur et à mesure qu'ils se créent, pour les employer en créations de nouvelles usines, en rajeunissement de l'outillage. Dans la

(1) J. Stresemann : « Les exportations allemandes ne consistent pas en matières premières impossibles à trouver ailleurs, mais bien au contraire l'industrie allemande se borne à transformer les matières premières qu'elle doit chercher à l'étranger; elle se trouve donc dans un état de dépendance ». Elle doit « payer les matières premières et les denrées alimentaires étrangères au moyen de ses exportations de produits industriels ». Voy. aussi F. Friedensburg, *Die zukünftige Erzversorgung der deutschen Eisenindustrie* (*Preussische Jahrbücher*, mai 1913).

lutte formidable où l'Allemagne s'est engagée, elle est condamnée à vaincre tous les jours, car toute défaite, tout arrêt même serait mortel (1). On peut dire qu'elle engloutit les capitaux avant qu'ils ne soient nés, puisqu'elle les anticipe par le crédit. Sociétés au capital imposant qui s'appuient sur des banques industrielles, celles-ci sur des banques centrales et surtout sur la Deutsche Bank, ces grandes banques à leur tour absorbant toutes les richesses disponibles et en partie des capitaux étrangers, c'est un merveilleux édifice, mais fragile (2). Les dénégations mêmes des financiers allemands prouvent que l'apport de l'argent étranger n'est pas négligeable. Qu'une des sources qui alimentent le grand courant vienne à se tarir, et c'est la crise aux répercussions violentes (3).

Encore plus que de capitaux, l'Allemagne a besoin de clients. Malgré sa puissance d'accroissement, malgré son enrichissement rapide, malgré ses goûts de jouissance, le peuple allemand est incapable de digérer à lui seul la production énorme de l'usine allemande. Celle-ci doit de plus en plus se tourner vers le dehors, devenir une industrie d'exportation (4).

Tout concourt donc à faire de l'État allemand un État tentaculaire, à pousser ses bras vers tous les coins du monde. L'état-major industriel a besoin d'une politique mondiale pour rémunérer ses capitaux, pour payer les salaires de ses ouvriers (5); le prolétariat en a besoin pour travailler à journées pleines et pour manger à sa faim. Voilà pourquoi le socialisme allemand est impérialiste (6). Vous savez quelle clameur de haro s'abattit sur le socialiste français

(1) Bonnefon, *art. cité* : « Nulle trêve n'est possible, nul ralentissement. »

(2) Id., *ibid.* : « Cet édifice fabuleux, à mesure qu'il s'élevait, n'en devenait que plus fragile. »

(3) Voy. en particulier Steinberg, *Die Wirtschaftskrisis*, 1901, Bonn, 1902.

(4) Ashley, *art. cité* : Cette industrie ne peut se passer d'un « wide foreign market ». De même Bonnefon : « L'Allemagne est donc suspendue au marché du monde ». — Déjà en 1900 on admettait que 70 p. 100 du commerce extérieur de l'Allemagne se faisait par mer. C'est dire l'importance que présente pour l'Empire la maîtrise de l'Océan. Lévy-Bruhl : « Sa propre production surabondante l'étouffe. »

(5) M. Bonnefon a recueilli quelques chiffres frappants : Gelsenkirchen doit payer des dividendes à 180 millions de mark actions, plus des intérêts à 78 millions obligations. Krupp rémunère 180 et 55 millions; Phœnix 106 et 32. On mesurera la rapidité d'accroissement de ces charges en pensant que l'*Allgemeine Elektrizitätsgesellschaft*, en 1883, avait un capital actions de 5 millions, de 60 en 1900, de 130 en 1911, en 1912 de 160, plus 110 millions obligations. Les sociétés par actions, qui étaient avant la guerre de 1870 environ 200 avec un capital de moins de 2 milliards et demi de mark, représentent aujourd'hui plus de 20 milliards.

(6) L'historien G. von Below, *Militarismus und Kultur in Deutschland* (*Scientia*, 1915, II) dit : « L'esprit de discipline, qui règne dans l'armée allemande, est aussi celui à qui nous devons cette croissance économique qui nous a attiré la haine de l'Angleterre. Le militarisme est l'école de nos ouvriers. — Gustav Stresemann notait en 1913 (comme M. Andler) que l'opposition apparente du socialisme à la politique mondiale était « l'aspect extérieur de la poli-

qui osa faire cette découverte. Force est bien aujourd'hui de reconnaître que M. Andler avait trop cruellement raison. N'est-ce pas déjà en 1900 que les défenseurs de la loi navale écrivaient : « La liberté des mers et une vigoureuse compétition sur les marchés du monde sont donc des questions de vie ou de mort pour la nation, questions dans lesquelles les classes ouvrières sont très profondément intéressées » ? — Or nous savons, par de récents exemples, ce que l'Allemagne entend par « questions, de vie ou de mort, » et comment elle a coutume de résoudre ces questions, de traiter les obstacles qui en contrarient la solution. — Hier encore, le député social-démocrate Konrad Hœnisch s'écriait ; « Bien plus que les considérations politiques, les intérêts sociaux du prolétariat allemand exigent la victoire de l'Allemagne. »

III. — INDUSTRIE ET WELTPOLITIK

Voilà donc l'État industriel condamné à la *Weltpolitik* (1).

Il va, d'abord, chercher les moyens de développer la politique d'exportation.

Le premier de ces moyens est le système des primes. Puisque l'industrie allemande travaille moins pour le marché intérieur que pour les marchés extérieurs, il est logique de vendre à bas prix, parfois même de vendre à perte hors des frontières, afin de conquérir de nouveaux débouchés et de décourager toutes les concurrences. Grâce au groupement en *cartells* des principales forces économiques, rien n'est plus facile. En 1902, le syndicat des cokes forçait le consommateur allemand à payer 15 mark la tonne, en même temps qu'il consentait à l'étranger de grosses ventes pour 11 mark. Dans le deuxième semestre de 1900, le syndicat des fils de fer avait vendu à l'étranger à 14 mark les 100 kg, tandis que le prix intérieur était de 25. Il réalisait ainsi sur le

tique du parti démocratique ». Il signalait, dans les *Sozialistische Monatshefte*, une étude de l'ex-député de Chemnitz, Max Schippfel, « l'éloge le plus éclatant de la politique expansionniste », et du député Quessel, dans la même revue, *L'importance économique de l'impérialisme*.. « Par moments, dit-il, cet article peut paraître l'œuvre d'un pangermaniste ». — Ceci est à compléter avec les publications récentes de James Guillaume et de Laskine.

(1) Ceci est admirablement exposé par Lamprecht, *ouvr. cité :* L'État tentaculaire est essentiellement fondé sur l'idée de l'importation des denrées et matières, de l'exportation de produits de plus en plus spécialisés : « Also, *toujours en vedette!...* Aujourd'hui [1904], tous les nerfs sont tendus pour maintenir la position du *Deutschtum* dans le monde, pour l'agrandir ». Il faut pour cela l'unité de la vie économique, toutes les forces agissant comme un tout, « comme une armée... La prophétie de List devient une vérité : la mer ne doit plus être pour nous seulement une route de trafic et une mère nourricière de notre économie nationale, mais un champ de bataille dans notre lutte avec les nations, et le berceau d'une liberté nouvelle. »

marché extérieur un bénéfice négatif, une perte de 859 000 mark, mais à l'intérieur un bénéfice de 1 177 000. La différence était positive Mais cette fois, d'ailleurs, le jeu avait été mené trop loin, car on en arrivait à racheter à l'étranger des fers allemands pour les réexporter vers l'Allemagne avec bénéfice (1).

Au système des primes s'ajoute celui des traités de commerce qui favorisent l'entrée des denrées et des travailleurs (par exemple slaves) et qui garantissent aux produits allemands une tarification modérée. Telles sont les bases du traité germano-russe de 1904, qui tendait à faire de la Russie une colonie économique de l'Allemagne (2).

Pour parer à la disette du fer, il faut conquérir les gisements miniers. Les conquérir pacifiquement d'abord. Le conseiller technique adjoint aux commissaires de la délimitation de 1871 a laissé échapper les gisements de la Woëvre par ignorance sur leur importance réelle, et aussi parce qu'il les jugeait inaccessibles en raison de leur profondeur, inexploitables à cause de leur teneur en phosphore. L'application, en 1878, du procédé Thomas, a fait du bassin de Briey le gisement le plus important actuellement exploité dans le monde. Voilà pourquoi, sous des noms supposés, Thyssen s'introduit à Batilly, à Jouaville, à Bouligny. En même temps il envoie ses plongeurs chercher, à Diélette, le minerai jusque sous la mer. Il installe ses affidés dans la société minière et métallurgique du Calvados, crée sous un prête-nom la Société des mines et carrières de Flamanville, puis la puissante société des fonderies et aciéries de Caen. Il trouve à ces combinaisons le double avantage de nous acheter du minerai et de nous vendre du coke. Avec le fer lorrain et normand et la houille westphalienne, l'Allemagne sera la maîtresse du monde.

Pour assurer cette domination, il importe d'écarter toute concurrence, d'installer l'industrie allemande au cœur même des pays rivaux. On a décrit, avant la guerre, l'extraordinaire mainmise des industriels allemands sur les usines françaises de produits chimiques, d'électricité, etc. (3). A Neuville-sur-Saône, sous un nom français, c'était la *Badische Sodafabrik* qui fournissait l'alizarine des pantalons rouges, et peut-être par surcroît inspirait-elle la campagne de presse, menée à grand renfort d'arguments sentimentaux, en faveur d'une couleur militairement dangereuse. Qu'était-ce que la Compagnie

(1) Steinberg, *ouvr. cité.*

(2) *Id.*, *ibid.*, et Bonnefon. Il s'agit, grâce à ces traités, de « compenser par la hausse des salaires la hausse des céréales », c'est-à-dire de maintenir l'équilibre entre les industriels de l'Ouest et les agrariens de l'Est.

(3) Rappelons la campagne menée en 1912 dans la *Grande Revue* par M. Louis Bruneau (en volume, *L'Allemagne en France*, 1914). Voy. également A. Staehling, *Bulletin du comité Michelet*, n° 3, déc. 1914.

« parisienne des couleurs d'aniline, sinon une succursale des Meister, Lucius et Bruning, de Hœchst ? On a conté comment une société de produits pharmaceutiques de Darmstadt est venue créer une filiale à Montereau, afin d'y tuer une usine française préexistante, comment l'*Allgemeine Elektrizitäts Gesellschaft* s'était emparée de Rouen, de Nantes, d'Alger, d'Oran, de Châteauroux.

Mêmes conquêtes à Séville et à Grenade, à Buenos Aires, à Montevideo, à Mendoza, à Santiago, à Valparaiso, tandis que l'autre grande société allemande d'électricité, la Siemens-Schuckert, s'installe à Creil. La Turquie (1), la Russie (2), l'Italie, la Suisse ont le même sort que la France. Il y a quelques semaines, un journal suisse énumérait les affaires suivantes : *Société anonyme pour l'industrie de l'aluminium* (Neuchâtel) : 8 administrateurs allemands, 1 autrichien, 6 suisses ; *Banque des chemins de fer orientaux* (Zurich) : 8 Allemands, 1 Français, 1 Belge, 1 Autrichien, 5 Suisses; *Banque pour entreprises électriques* (Zurich) : 15 Allemands contre 9 Suisses. 10 Allemands en face de 5 Suisses dans la *Société des valeurs de métaux* de Bâle. Notez que le capital-actions est en partie en mains allemandes, tandis que les obligations, dont le taux plus modeste ne tente point les Allemands, sont placées en Suisse. Ainsi, concluait la *Gazette de Lausanne*, « l'argent de l'obligataire suisse sert à alimenter les entreprises allemandes qui viennent concurrencer jusque dans notre pays l'industrie nationale. »

Pour l'Italie, le sujet a été remarquablement étudié par M. Giovanni Preziosi, dans des articles parus l'an dernier dans la *Vita italiana all'estero*, et réunis cette année en brochure sous ce titre significatif : l'Allemagne à la conquête de l'Italie, *la Germania alla conquista dell' Italia*. C'est bien d'une guerre de conquête qu'il s'agit, menée avec un sens admirable de l'organisation. Au centre, un état-major financier, constitué par la *Banca commerciale... italiana*, naturellement « italienne, » comme sont « françaises » ou « parisiennes » nos sociétés. Cette émanation de la finance allemande est une « pieuvre germanique » : nous retrouvons là l'image même de l'État tentaculaire. En s'installant dans les conseils d'administration, en pratiquant, grâce à un système de fiches secrètes, un véritable système d'« espionnage commercial » qui ruine du jour au lendemain les récalcitrants, elle a pu absorber peu à peu les énergies économiques de tout un peuple, établissements de crédit, sociétés de navigation, entreprises industrielles ; elle a pu corrompre la vie politique, défaire des ministères et faire des élections. Ici comme en Suisse, les banques allemandes,

(1) L'action allemande y remonte à 1880; le voyage impérial de 1898 a été utilisé par la finance allemande sous la conduite de Siemens.

(2) En Pologne, des filiales ont été créées pour éviter la douane (électricité, colorants, soieries, papeteries).

pseudo-italiennes, « agissent comme une pompe aspirante en Italie, comme une pompe foulante en Allemagne. » L'Italie, qui passe pour pauvre, fournit des capitaux à la riche Allemagne.

IV. — LE RÔLE DE L'ÉTAT

Pour appuyer cette politique de conquête économique, il faut mettre le prestige et la force de l'Empire au service des industriels. Faire de la notion allemande de l'État l'instrument de l'expansion allemande, c'est le sens de ce que les économistes allemands ont si bien nommé la politique d'affaires et de puissance, *Handels und Machtpolitik* (1). Cette confusion entre les deux concepts n'apparaît nulle part plus clairement que dans le rapport adressé à Londres, en février 1914, par sir Edmund Goschen, sur « une organisation officielle allemande pour influencer la presse des autres pays (2) ». Ce document capital est trop peu connu en France, peut-être parce qu'il n'a paru qu'en anglais, en dehors du *Livre bleu*, comme un simple *white paper*. Que de choses il nous apprend!

Le Norddeutscher Lloyd, la Hamburg-Amerika, la Deutsche Bank, la Disconto Gesellschaft, l'A. E. G., la Siemens-Schuckert, Krupp, Gruson, etc., forment une société privée, mais subventionnée par l'Office impérial des Affaires étrangères. D'accord avec le bureau Wolff, cette Société a pour objet « de promouvoir le prestige industriel de l'Allemagne à l'étranger ». Elle fournira, gratuitement ou à peu près, aux journaux étrangers et dans leur langue, toutes informations sur l'Allemagne et favorables à l'Allemagne. Elle supprimera le service à ceux qui se montreront indociles (3). « Répondre aux nouvelles

(1) C'est sous ce titre (voy. Ashley, *art. cité*) que furent réunies les conférences des économistes allemands qui soutenaient, en 1900, le projet de loi navale.

(2) *Despatches from H. M. ambassador at Berlin respecting an official german organisation for influencing the press of other countries*, 27 février 1914. M. Ballin avait d'abord projeté de fondre en un *Weltverein* toutes les sociétés allemandes-russes, allemandes-argentines, canadiennes, etc. On a trouvé étrange qu'il renonçât à son plan; c'était en réalité pour créer « une autre organisation plus délicate, plus ou moins secrète ». A la réunion constitutive assistait, avec les délégués des compagnies, le secrétaire d'État des Affaires étrangères. La société fut constituée par des souscriptions montant annuellement à 625 000 fr. (les Compagnies lui versant ce qu'elles avaient coutume de dépenser pour annonces à l'étranger). La cotisation minima de chaque maison participante est de 1 250 fr., et donne droit à un vote. L'Office impérial des Affaires étrangères, qui verse une subvention de 312 500 fr., exercera donc une « puissante et décisive influence ». Le syndicat, formé provisoirement pour trois ans, est mené par un directoire de trois menbres, et un Conseil, où figurent les grandes banques et firmes d'exportation.

(3) Taxes réduites sur les câbles allemands. La presse étrangère sera surveillée par les agents du syndicat. L'application sera immédiate en Sud-Amérique et en Extrême-Orient, pour s'étendre progressivement à tous les pays extra-européens.

tendancieuses concernant l'Allemagne et aux attaques contre elle, répandre la connaissance de la véritable situation de l'industrie allemande », tel est le programme. En somme, il s'agit d'une organisation d'espionnage industriel, — le mot était chez M. Preziosi, — placée sous le contrôle de l'Empire. Et, comme il convient dans une œuvre d'espionnage, le travail de germanisation de la presse mondiale ne sera pas exécuté par des publicistes envoyés tout exprès, qui seraient vite brûlés. Dans un article (1), si naïvement clair que la publication en fut jugée inopportune et que l'ordre vint d'en haut de ne pas le reproduire et de n'y faire aucune allusion, la *Deutsche Export Revue* disait avec une parfaite crudité : Il vaut mieux choisir des hommes déjà en relations avec les divers journaux, « qui serviront les intérêts allemands sans attirer autant l'attention ».

Cette fusion de la Weltpolitik et de la politique d'affaires était singulièrement dangereuse pour la paix du monde (2). Si l'impérialisme, si l'État tentaculaire met sa force au service des intérêts industriels, la tentation est forte, elle est perpétuelle, d'user de cette force pour briser les résistances qui s'opposent au triomphe de ces intérêts. Vienne une crise, qui mette des ouvriers en chômage (il y a parfois 100 000 chômeurs à Berlin) (3), gare au peuple voisin qui peut être tenu pour responsable de la crise. Sois mon client ou je te tue, tel semble être le mot de cette industrie qui est perpétuellement entraînée dans ce cercle vraiment infernal : produire toujours plus pour vendre davantage, vendre toujours plus pour subvenir aux nécessités d'une production toujours plus intense.

La Russie est pour l'Allemagne un réservoir de main-d'œuvre et un marché. Que la Russie, en 1917, refuse de renouveler le désastreux traité qui lui a été imposé aux jours néfastes de la guerre japonaise, qu'elle supprime le régime des passeports des ouvriers agricoles, que deviendra l'agriculture capitaliste — agriculture de plus en plus industrialisée, de plus en plus aux mains des banques, — des grands domaines du Brandebourg, de la Poméranie, de la Prusse ? La France est pour l'Allemagne une banque et un fournisseur de

(1) *Deusche Export Revue*, 5 juin 1914 : « Les buts d'économie nationale de l'Allemagne : un syndicat pour fournir des nouvelles à l'étranger », donné en annexe au rapport Goschen.

(2) Point surtout mis en lumière par Lévy-Bruhl, *art. cité :* « L'essor extraordinaire de l'industrie allemande comportait pour ses voisins, et pour le monde, plutôt un danger de guerre qu'une garantie de paix. Il n'y a pas là de paradoxe... Il n'est pas bon, pour la paix du monde, que la prospérité commerciale d'une grande nation s'appuie sur son prestige militaire. »

(3) Voir les chiffres dans l'*Arbeitsmarkt* de Jastrow. Steinberg cite de son côté toute une série de sociétés métallurgiques qui voient, entre 1898-1900 et 1900-1901, le cours de leurs actions tomber de 256 à 83, de 749 à 42, etc., leurs dividendes fléchir de 15 p. 100 à 0, de 7 à 0, de 25 à 12, de 35 à 0. Schuckert passe de 288 à 100, et de 15 p. 100 à 0.

minerai. Quelle tentation d'aller puiser à pleines mains dans le bas de laine qui parfois se serre jalousement ! Quelle tentation aussi d'aller réparer l'erreur de délimitation de 1871 ! Déjà en 1911 la *Gazette du Rhin et de Westphalie* émettait l'avis que les gisements de la Lorraine et du Luxembourg devaient être soumis à la même domination que ceux de la Westphalie et de la Sarre. Et je me suis laissé dire que la grande presse parisienne, mise au courant de cette campagne, refusa de prendre au sérieux ce « journal de province », en qui elle ne sut pas voir l'organe des grands industriels rhénans et de l'État-major prussien. Quelle tentation encore d'aller prendre à revers, par Diélette, le port de Cherbourg !

Quant à l'Angleterre, concurrente directe de l'Allemagne sur tous les marchés du globe, fabricante des mêmes produits, elle est l'ennemi qu'il faut abattre (1). N'a-t-elle pas pris l'habitude, n'a-t-elle pas fait prendre l'habitude à la France de ne plus prêter d'argent aux États pauvres que contre de bonnes commandes ? Le temps commence à passer où l'on pouvait, en Turquie, faire avec l'or français ou anglais des affaires allemandes. Les rivaux de l'Allemagne ont appris d'elle-même à pratiquer la *Handels-und Machtpolitik*. Mais que vont devenir Essen, Gelsenkirchen, toute cette immense cité industrielle qu'est la Westphalie, si les Roumains, si les Grecs, si les Serbes, commandent leurs canons et leurs cuirassés, leurs rails ou leurs locomotives à Glasgow ou au Creusot? A cet encerclement économique de l'Allemagne la guerre apparaît comme préférable, et le gant de fer remplace la main de velours.

Peu à peu l'idée de la guerre nécessaire, de la guerre presque désirable gagnait les classes industrielles. J'en trouve la preuve, déjà en 1908, dans un livre de vulgarisation dû au professeur Paul Arndt, un de ces petits livres à 1 mark qui servaient à former l'esprit allemand (2). Tous tant que nous sommes, et même les mieux avertis, nous avons à nous reprocher de n'avoir pas assez lu, de n'avoir pas lu d'assez près ces petits livres, qui nous auraient révélé le péril. Dans celui-ci l'auteur, après un hymne à la grandeur allemande, ouvre un chapitre : « Des dangers de la participation de l'Allemagne à l'économie mondiale. » Il montre que cette participation accroît la dépendance de l'Allemagne vis-à-vis de l'étranger, qu'elle la rend vulnérable sur mer comme sur terre. Que les rapports internationaux soient troublés, il y aura « beaucoup d'ouvriers sans pain, beaucoup de capitaux dépréciés », et cela pour des

(1) Stresemann : « La plupart des problèmes actuels, alliances de peuples et événements internationaux, se trouvent avoir leur cause dernière dans la concurrence anglo-allemande », ceci écrit en 1913. L'article se terminait par un défi à l'Angleterre et insistait sur la « gravité de la tension actuelle ».

(2) *Deutschlands Stellung in Weltwirtschaft* (Teubner). Voir de même, dans un cadre plus scientifique, Arthur Dix, *Politische Wirtschaftgeographie*, 1910.

causes qui « échappent en grande partie au contrôle de l'Allemagne », dans des pays qui peuvent saisir l'occasion d'affaiblir l'Allemagne. Et, par une hypothèse prophétique, il décrit les effets du blocus...

Mais ces risques de la politique mondiale, il les accepte sans hésiter : « Assurément, si nous voulons être et rester un grand peuple, une puissance mondiale, nous nous exposons à de sérieux combats. Mais cela ne doit pas nous effrayer. Il y a une vérité profonde dans ce mot que l'homme s'étiole dans la paix. Souvent il faut l'appel aux armes pour secouer le monde engourdi dans l'apathie et la mollesse. La lutte apparaît souvent, à celui qui sait voir loin et profond, comme une bénédiction pour l'humanité. » Cet Allemand est un disciple de Joseph de Maistre.

Voilà par quel fatal mécanisme la trop rapide industrialisation de l'Allemagne nous a menés à la guerre allemande. Si l'on doutait du rôle des causes économiques, ou plutôt de la psychose économique dans cette guerre, il suffirait de voir comment les Allemands, dans leurs rêves, conçoivent depuis sept mois la victoire allemande. C'est une victoire industrielle, c'est le mariage forcé de la houille allemande et du fer étranger, c'est la réduction des peuples vassalisés au rôle de clients perpétuels de l'usine allemande.

« Les gisements métalliques de la Lorraine française et de la Pologne russe, écrivait il y a trois semaines le baron de Zedlitz-Neukirch, sont à un certain degré le supplément de nos propres exploitations minières (1). » Que faut-il faire, demanderons-nous au fougueux Max Harden (2), de la Belgique martyre? « Anvers, répond-il, en octobre 1914, non pas contre, mais avec Hambourg et Brême ; Liège, à côté des fabriques d'armes de la Hesse, de Berlin, de la Souabe ; Cockerill allié avec Krupp ; les fers, les charbons, les tissus belges et allemands dirigés ensemble... De Calais à Anvers, Flandres, Limbourg et Brabant, jusqu'au delà de la ligne des forteresses de la Meuse, tout prussien ! » Le rêve allemand est un rêve de conquérant homme d'affaires, un romantisme de comptoir qui procède du *Soll und haben* de Freytag.

La guerre résoudra les questions coloniales. Aux jours tragiques de fin juillet, Bethman Hollweg offrait à l'Angleterre l'intégrité de la France continentale (l'industrie allemande se serait contentée d'une France économiquement médiatisée), mais il refusait de s'engager à respecter les colonies françaises, surtout l'Afrique du Nord. En septembre ils avaient l'audace, pour prix d'une défection dont ils nous croyaient capables, de nous offrir le partage de ce Congo belge vers lequel le traité de 1911 leur avait permis de pousser deux

(1) D'après le *Temps* du 23 février.
(2) Cité par Waxweiller, *La Belgique neutre et loyale*, p. 115.

antennes (1). L'un d'eux écrivait cette phrase candide : « Nous avons besoin de la France parce que nous ne pouvons avoir la prétention de gouverner tout le monde colonial non-anglais. » En même temps ils essayaient, par une révolte des Boers, par des attaques contre les colonies portugaises, de construire un Empire allemand de l'Afrique du Sud. La victoire allemande, c'était le fer assuré et les débouchés élargis, c'était Briey, c'était l'Ouenza, c'était Casablanca, c'était Bagdad.

Le rêve s'est évanoui, le prestigieux édifice s'est écroulé.

Mais que de leçons à retenir pour nous, de leçons pour demain, pour aujourd'hui même ! Ne nous faisons pas d'illusions : vaincue, diminuée, l'Allemagne ne cessera pas d'exister. Il est vain de croire, comme l'écrivent quelques publicistes, que nous allons supprimer un peuple. Même si nous le pouvions militairement, ni la politique ni la morale ne nous le permettraient (2). Après notre victoire, il y aura de nouveau une Allemagne, qui reprendra patiemment, obstinément, son labeur. A peine la grande guerre sera-t-elle finie, l'autre guerre, la guerre économique reprendra. Si nous ne voulons pas être écrasés, il nous faut dès à présent, pour cette guerre nouvelle, préparer la mobilisation future.

Mais qui donc, pour diriger ce mouvement, est mieux qualifié que votre Société ? Ce n'est pas son titre seul qui lui impose ce rôle, c'est son histoire. Elle est née en un temps qui ressemble au nôtre, au milieu d'une grande guerre. Les fondateurs, les Chaptal, les Monge, les Conté, les Fourcroy, les Berthollet entendaient se donner à une œuvre de relèvement national. Et lorsqu'en 1819 le premier en date de vos présidents, Chaptal, publiait ses deux beaux volumes intitulés : *De l'industrie française*, ne traçait-il pas le programme dont il convient de nous inspirer aujourd'hui, le programme même de l'union de la science et de l'industrie ?

(1) Fr. Naumann, *Deutschland und Frankreich*, 1915.
(2) Voir notre *Essai sur l'Allemagne future* (*Revue politique et parlementaire*, mars 1915).

Paris — Typ. Philippe Renouard, 19, rue des Saints-Pères. — 52896.

1899. **BÉNARD (Jules)** (C. ✻), agriculteur, régent de la Banque de France.
1901. **RINGELMANN** (✻), directeur de la Station d'essais de Machines.
1901. **HITIER (Henri)**, Ingénieur-agronome, maître de conférences à l'Institut national agronomique.
1905. **SCHRIBAUX (E.)** (✻), professeur à l'Institut national agronomique.
1905. **DYBOWSKI** (O. ✻), Inspecteur général de l'Agriculture coloniale.
1906. **GIRARD (A. Ch.)** (O. ✻), professeur à l'Institut national agronomique.
1906. **WERY (Georges)** (✻), Ingénieur-agronome, sous-directeur de l'Institut national agronomique.
1907. **DABAT** (O. ✻), conseiller d'État, Directeur général des Eaux et Forêts.
1912. **VINCEY (Paul)** (✻), Ingénieur-agronome, Directeur des Services agricoles du département de la Seine.

Comité des Constructions et Beaux-Arts.

1879. **VOISIN BEY** (O. ✻), Inspecteur général des Ponts et Chaussées en retraite, *Président*.
1895. **BELIN (H.)** (O. ✻), éditeur.
1898. **BONAPARTE (Prince Roland)**, membre de l'Institut.
1899. **LARIVIÈRE (Pierre)** (✻), Ingénieur civil des Mines.
1903. **MAES (Georges)** (✻), manufacturier.
1903. **RÉSAL** (O. ✻), Inspecteur général des Ponts et Chaussées.
1903. **MAGNE (Lucien)** (O. ✻), inspecteur général des Monuments historiques.
1903. **MOREAU (Auguste)** (✻), Ingénieur des Arts et Manufactures.
1907. **RIBES-CHRISTOFLE (de)** (O. ✻), manufacturier.
1907. **MESNAGER (A.)** (✻), Ingénieur en chef des Ponts et Chaussées.
1908. **HERSENT (Georges)** (✻), Ingénieur des Arts et Manufactures.
1908. **BOURDEL (Joseph)** (✻), imprimeur-éditeur, ancien juge au Tribunal de Commerce.
1908. **D'ALLEMAGNE (Henri)** (✻), archiviste-paléographe, bibliothécaire honoraire de l'Arsenal.
1911. **BERTRAND DE FONTVIOLANT** (✻), professeur à l'École centrale des Arts et Manufactures.
1913. **BONNET (A.)** (O. ✻), Ingénieur en chef des Ponts et Chaussées, sous-directeur de la Compagnie des Chemins de fer du Midi.
1913. **HACHETTE (André)**, secrétaire de la Société française de Photographie.
N...

Comité de Commerce.

1892. **GRUNER (E.)** (O. ✻), Ingénieur civil des Mines, vice-président du Comité central des Houillères de France, *Président*.
1897. **PAULET (Georges)** (C. ✻), conseiller d'État, directeur au Ministère du Travail.
1897. **DUPUIS (Éd.)** (✻), Ingénieur civil des Mines.
1899. **LÉVY (Raphaël-Georges)** (O. ✻), membre de l'Institut.
1910. **ALFASSA (Maurice)**, Ingénieur civil des Mines.
1910. **RISLER (Georges)** (O. ✻), président de l'Union des des Sociétés de Crédit immobilier de France et d'Algérie, membre du Comité permanent du Conseil supérieur des Habitations à bon marché.
1911. **CARMICHAEL (Robert S.)** (✻), filateur et tisseur de jute.
1913. **ROY (Ferdinand)** (✻), négociant, membre du Comité consultatif des Arts et Manufactures.
1913. **RICHEMOND (Pierre)** (O. ✻), ingénieur-constructeur, juge au Tribunal de Commerce de la Seine.
N...

GRANDES MÉDAILLES

DÉCERNÉES PAR LA SOCIÉTÉ D'ENCOURAGEMENT POUR L'INDUSTRIE NATIONALE

Outre ses médailles ordinaires de bronze, d'argent, de vermeil et d'or, la Société décerne chaque année, sur la proposition de l'un des six comités du Conseil, une grande médaille d'or portant l'effigie de l'un des plus grands hommes qui ont illustré les arts ou les sciences, *aux auteurs, français ou étrangers, des travaux qui ont exercé la plus grande influence sur les progrès de l'industrie française*, pendant le cours des six années précédentes.

Ces grandes médailles seront distribuées dans l'ordre suivant :

1915. Arts chimiques	A l'effigie de Lavoisier.
1916. Architecture et Beaux-Arts.	— de Jean Goujon.
1917. Agriculture	— de Thénard.
1918. Arts économiques	— d'Ampère.
1919. Commerce.	— de Chaptal.

Les années précédentes, ces médailles ont été décernées comme suit : en 1868, pour le commerce, à M. *F. de Lesseps;* — en 1870, pour la chimie, à M. *H. Sainte-Claire Deville;* — en 1872, pour l'agriculture, à M. *Boussingault;* — en 1873, pour la physique et les arts économiques, à *sir Charles Wheatstone;* — en 1875, pour le commerce, à M. *Jacques Siegfried;* — en 1876, pour les arts mécaniques, à M. *H. Giffard;* — en 1877, pour les arts chimiques, à M. *Walter Weldon;* — en 1880, pour l'architecture et les beaux-arts, à M. *Ch. Garnier*, architecte; — en 1882, pour les arts économiques, à M. *Gaston Planté;* — en 1883, pour le Commerce, à la *Chambre de Commerce de Paris;* — en 1884, pour les arts mécaniques, à M. *Joseph Farcot;* — en 1885, pour la chimie, à M. *Michel Perret;* — en 1886 pour les beaux-arts, à M. *Barbedienne;* — en 1887, à M. *Gaston Bazille*, pour l'agriculture; — en 1888, à M. *Émile Baudot*, pour les arts économiques; — en 1889, pour le commerce, à la *Société de Géographie commerciale de Paris;* — en 1890, pour les arts mécaniques, à M. *Pierre-André Frey;* — en 1890 (hors tour) pour les arts économiques, à M. *Gramme;* — en 1891, pour les arts chimiques, à M. *Solvay;* — en 1892, pour les constructions et beaux-arts, à M. *Froment-Meurice;* — en 1893, pour l'agriculture, à M *Lecouteux;* — en 1894, pour les arts économiques, à *Lord Kelvin;* — en 1895, pour le commerce, au *Comité de l'Afrique française;* — en 1896, pour les arts mécaniques, à M. *Kreutzberger;* — en 1897, pour les arts chimiques, à M. *Osmond;* — en 1898, pour les beaux-arts, à *Paul Mame;* — en 1899, à M. *Joly*, pour l'agriculture; — en 1900, à M. *A. Potier*, pour les arts économiques; — en 1901, à la *Chambre de Commerce de Lyon*, pour le commerce; — en 1902, pour les arts mécaniques, à M. *Steinlen;* — en 1904, pour les arts chimiques, à M. *Héroult*, et, pour les constructions et beaux-arts, à M. *Arnodin;* — en 1905, à M. *Thomas*, pour l'agriculture; — en 1906, à M. le D[r] *d'Arsonval*, pour les arts économiques; — en 1907, à la *Société industrielle de Mulhouse*, pour le commerce; — en 1908, à M. *de Glehn*, pour les arts mécaniques; — en 1909, à M. lecomte *de Chardonnet*, pour les arts chimiques; — en 1910, à M. *Bertrand de Fontviolant*, pour les constructions et beaux-arts; — en 1911, à MM. *Vilmorin-Andrieux et Cie*, pour l'agriculture; — en 1912, à M. *Paul Janet*, pour les arts économiques; — en 1913, à la *Société industrielle de l'Est*, pour le commerce.

La Société d'Encouragement a été fondée, en 1801, pour l'amélioration de toutes les branches de l'industrie française.

Elle décerne des prix et médailles pour les inventions et les perfectionnements introduits dans les arts;

Elle se livre aux expériences et essais nécessaires pour apprécier les procédés nouveaux qui lui sont présentés;

Elle publie un *compte rendu* des séances de son Conseil d'Administration et un *bulletin* mensuel renfermant l'annonce raisonnée des découvertes utiles à l'industrie, faites en France et à l'étranger;

Elle distribue des médailles aux ouvriers et contremaîtres des établissements agricoles et manufacturiers qui se distinguent par leur conduite et par leur travail;

Elle vient au secours des inventeurs que leur âge ou leurs infirmités mettent hors d'état de se suffire;

Elle procure aux ouvriers qui ont fait une invention utile les moyens de payer les annuités de leurs brevets.

Les membres de la Société peuvent concourir pour les prix qu'elle propose. Les membres du Conseil d'Administration sont exclus de tous les concours.

La Société d'Encouragement a commencé la quatrième série de son *bulletin* en 1886.

Ce bulletin contient :

1° Les procès-verbaux du Conseil d'Administration, les mémoires et rapports adoptés par ce Conseil, des communications écrites et des extraits de la correspondance imprimée;

2° Des chroniques destinées à faire connaître les découvertes et les procédés qui intéressent le commerce et l'industrie du pays;

3° Des articles de fond se composant d'extraits de voyages industriels, de dissertations sur des sujets scientifiques applicables à l'industrie, de notices, mémoires et documents relatifs au commerce français et étranger, de descriptions de machines nouvelles ou peu connues, etc., etc.

Le bulletin est adressé, franc de port, à MM. les Sociétaires.

Chaque année de ce bulletin forme un volume in-4° et contient des planches, ainsi qu'un grand nombre de gravures intercalées dans le texte.

Par délibération du Conseil, en date du 1er juin 1864, il a été décidé que les membres de la Société prendraient désormais les titres suivants :

1° Donateurs ou Membres perpétuels. — Ils reçoivent le *Bulletin* de la Société à perpétuité. Ce droit est transmissible soit à un établissement public, soit à un établissement reconnu comme étant d'utilité publique, soit enfin à un membre de la Société, ou à une personne qui sera admise à en faire partie, suivant les formalités ordinaires, après la transmission. — La cotisation est de 1000 francs une fois payés.

2° Membres souscripteurs a vie. — Ils reçoivent, pendant leur vie, le bulletin de la Société. — La cotisation est de 500 francs une fois payés.

3° Membres ordinaires. — Ils sont soumis à la cotisation annuelle de 36 francs, et reçoivent également le bulletin de la Société.

Les noms des membres perpétuels et des membres à vie figurent en tête de la liste des membres de la Société, avec ceux de ses bienfaiteurs.

Les donations et souscriptions perpétuelles ou à vie sont capitalisées; le capital en est inaliénable : elles forment des chapitres spéciaux du budget de la Société.

Paris. — Typ. Ph. Renouard, 19, rue des Saints-Pères. — 52896.

www.ingramcontent.com/pod-product-compliance
Ingram Content Group UK Ltd.
Pitfield, Milton Keynes, MK11 3LW, UK
UKHW020230180726
13838UKWH00005B/2293